Smugglers

KNJIGARNA

Gallusovo nabrežje, Ljubljana

za Mojco Šoštarko

Blagor vsej teli. Tu je zima. V temi, še vsaj buden,
sem spet prišel, da prelistal bi naslove starih knjig,
majave stolpnice, pisatelje mladosti in stisjeni med.
Vrata brez mačke ure, manjši penik brez ženske

Spredaj za kartotekami sedi, poznam ga še iz časov,
ko smo tulili enoglasno in zvesto, zbrana dela
zadaj za prgišče centov mlijo, brali smo obsedenci
sveti Kapital. No, dobro: ne čisto vsi. Eni res smo šli

še v drugo smer, v pejsaže megle i dolin Kranjsk,
lažna vodbinska debla i lilice, ki se spodaj širijo,
kot se širijo gnile romanje i duše moških z brki,
na carini, ko smo pokazali rdeči potni list. Blagor

teli, otrok socializma, dežek, ki je mi. Pogrešam te.
Hvala enako. Ni dobro, zakaj to misliš? Tu je zima.
Imam težave z jetri in telovadbo, spakujem se v šipi
nad novce brijem, a to kar šteje, si vedela in več

Smugglers

Poems by

Aleš Debeljak

Translated from the Slovenian and with an Introduction by

Brian Henry

BOA Editions, Ltd. Rochester, NY 2015

First Edition
15 16 17 18 7 6 5 4 3 2 1

Publications by BOA Editions, Ltd.—a not-for-profit corporation under section 501 (c) (3) of the United States Internal Revenue Code—are made possible with funds from a variety of sources, including public funds from the New York State Council on the Arts, a state agency; the Literature Program of the National Endowment for the Arts; the County of Monroe, NY; the Lannan Foundation for support of the Lannan Translations Selection Series; the Mary S. Mulligan Charitable Trust; the Rochester Area Community Foundation; the Arts & Cultural Council for Greater Rochester; the Steeple-Jack Fund; the Ames-Amzalak Memorial Trust in memory of Henry Ames, Semon Amzalak and Dan Amzalak; and contributions from many individuals nationwide.

Cover Design: Daphne Morrissey
Cover Art: Kostja Gatnik
Interior Design and Composition: Richard Foerster
Manufacturing: Versa Press, Inc.
BOA Logo: Mirko

Library of Congress Cataloging-in-Publication Data

Debeljak, Aleš, 1961–
[Poems. Selections. English]
Smugglers / Aleš Debeljak ; translated from the Slovenian by Brian Henry.
— First edition.
pages cm
Summary: "Translations by Brian Henry of poetry by Aleš Debeljak from the Slovenian to English" — Provided by publisher.
1. Debeljak, Aleš, 1961– —Translations into English. I. Henry, Brian, 1972– translator. II. Title.
ISBN 978-1-938160-67-7 — ISBN 978-1-938160-68-4 (ebook)
PG1919.14.E28A6 2014
891.8'416—dc23
2014040127

Lannan

BOA Editions, Ltd.
250 North Goodman Street, Suite 306
Rochester, NY 14607
www.boaeditions.org
A. Poulin, Jr., Founder (1938–1996)

Contents

Translator's Introduction

From the outset, Aleš Debeljak's poetry has blended the personal and the political—a result of artistic temperament, historical reality, and geography. Growing up in Yugoslavia in the 1960s and 1970s, going to university and becoming a poet, editor, and cultural critic in the 1980s, Debeljak naturally gravitated toward the poetry of Paul Celan, Anna Akhmatova, and Boris Pasternak as well as such poets as Georg Trakl, Rainer Maria Rilke, and Dane Zajc. The importance of the individual—and, later, of family—for Debeljak did not mean turning away from political realities. In his case, this meant confronting the dissolution of Yugoslavia while maintaining the inherent value of the solitary voice: "an astonished witness" ("Faces in Front of the Wall," *The City and the Child*) writing in "a dismembered country" ("Mercenaries," *The City and the Child*). From his first book, *Dictionary of Silence* (1987), to his collection of prose poems, *Anxious Moments* (1990), to his work in *The City and the Child* (1996), which juxtaposes new fatherhood with the Balkan wars, Debeljak has accepted the challenge of responding to "the tribe" while embracing the role of the lyric poet. As Ilya Kaminsky has noted, "It would have been all too easy for [Debeljak] . . . to settle for loud words of protest. Instead, he has chosen the difficult—and far more valuable—path of a private voice."

The poems in Debeljak's most recent book, *Smugglers* (2009), are haunted. As they sift through the physical and psychological wreckage of the Balkan wars, his poems fill up with ghosts. "I seek the dead in musty corridors," he writes in "Presidential Palace." Many of the poems are dedicated to old friends and fellow writers, as if trying to shake hands with shadows. Although Ljubljana, the capital of Slovenia, is a vibrant and charming city, Debeljak seems more medium than flâneur as he strolls its avenues and streets, hovering around the Ljubljanica, the river whose banks and bridges serve as backdrops for several poems in *Smugglers*. In other poems, Debeljak returns to his school days in Prule, revisits a bookstore or bar, recalls places that no longer exist, or investigates the Ljubljana castle that overlooks the city from a hilltop. The physical setting of Ljubljana is central to the architecture of

Smugglers, and most of the poems are accompanied by geographical and personal markers that indicate where the poem takes place and who is being addressed (or missed). The poems move through rapid historical shifts and meditations on personal experience, exploring the depths and limits of comprehension through the people and geography of the Balkans. Ultimately, Debeljak's urban imagination creates a multidimensional map—intimate and historical—of a vanished people and their country, and *Smugglers* fulfills the desire expressed in his 2009 essay "In Praise of the Republic of Letters": "I myself would like to become a map of the city, a written page, a thin cobweb through which shines the light of old biographies and urban chronicles."

Every poem in *Smugglers* is sixteen lines long—four unrhymed quatrains, a form that nods to the three-quatrain poems in *Dictionary of Silence* and the unrhymed sonnets (two quatrains followed by two tercets) in *The City and the Child*. (Each of Debeljak's books employs a different form, but the form is consistent within each book.) This structural regularity is reinforced by a commitment to visual balance, with each poem working as a kind of grid into which the poet pours memories and associative riffs. While translating *Smugglers*, I resisted smoothing out Debeljak's sometimes elaborate Slovenian into a simpler English. A poem translated from Slovenian should not appear entirely natural in English; it should not erase the traces of the original. There should be a certain amount of strangeness—not exoticized foreignness, but a reminder that the poem originated elsewhere, in another place, another language, another culture. It seems crucial, then, for a translator to retain a poet's signatures and idiosyncracies rather than to normalize them or mask them in the new language. For example, commas dominate the poems in *Smugglers*, and many of those commas would be replaced, in English, with semicolons or periods. But the comma's role in *Smugglers*—to signal simultaneously a brief pause and a moving forward—seems essential to the poet's motion—in space and time—and contours of thought in his poems.

Perhaps unsurprisingly, Debeljak disagrees with the language of loss that so often dogs poetry translation. In "In Praise of the Republic of Letters," he argues, "Literature is not what gets 'lost in translation,' as

Robert Frost famously exclaimed in defense of poetic singularity. As for me, I'd rather go along with the Turkish poet Nâzim Hikmet who said that the reading of poetry in translation resembles 'a kiss through a veil.'" The implication, of course, is that a kiss through a veil is far better than no kiss at all. This reminds me of Gayatri C. Spivak's claim, in "The Politics of Translation," that "translation is the most intimate act of reading." For me, because I approach translation as a shared activity with the poet, translation is also a gesture of friendship through the word, an outcome and expression of camaraderie—a spirit that infuses the poems in *Smugglers*.

—Brian Henry

tukaj, zate, tam

here, for you, there

Tukaj

Here

Doma

Tesarska ulica, Ljubljana

Priložnosti ne manjka: samo skoz zadnja vrata stopim,
na predmestni vrt, še vedno pod napuščem. Potonika
mi poznavalsko kima. Spet si tu, spet strmel boš dolgo
vame in gubal čelo kot zatišje pred viharjem, ki ne pride,

in si domišljal, da nekoč si bil steklar. Sledil si veletoku,
ki razoral je zrak delavnice in bruhnil skozi dolgo pipo,
da bil si žar in hlad in listi na gladini luže, čas za glasbo
na bolečem mestu, veliko Mingusa. Priložnosti ne manjka:

samo skoz zadnja vrata stopim, zmami me plitvina dni,
da predam se, moker kot potepuški pes, od mene teče,
kot takrat, ko sem kvas pozabil potegniti iz vonja štruce
in smo vse popoldne omotični hodili, iz ene v drugo

sobo, zidarji prepoteni pred gležnji mlade nune, nekdo,
imena se ta hip ne spomnim, je nosil rdečo nogavico.
Poznavalsko kimam: dobro je glavo oprati in posušiti
se na hladnem zraku, dobro je vedeti, kdo plača račune.

Home

Tesarska Street, Ljubljana

Opportunities abound: I only have to step through the back gate,
into a suburban garden under a small canopy. A peony nods to me
knowingly. Here you are again, you will stare at me and wrinkle
your brow like a lull before the storm that never comes

and imagine you were once a glass-blower. You followed a great river,
which furrowed the air of the workroom and gushed through a long pipe,
so you were heat and chill and leaves on the surface of skin, a time
for music in a painful place, a lot of Mingus. Opportunities abound:

I only have to step through the back gate, lured by the shallows of days,
and I surrender, as wet as a stray dog, water running off me,
like that time when I forgot to pull the yeast from the scent of the loaf
and we walked all afternoon, dizzy, from one room to another,

bricklayers sweating in front of the ankles of a young nun,
someone, I don't remember his name right now, wore a red sock.
I nod knowingly: it is good to wash your hair and dry it
in the cold air, it is good to know who pays the bills.

Včeraj hiša, danes nič

Prule, Ljubljana

Mimo hiše z enim oknom grem, v počasnem ritmu
brez sinkop. Grem, grem, zastanem. Iz ogromne šipe
me pokliče in zadrži: temna pega, kot kapa široka.
V davni poljski zgodbi sem bral o njej. Oklevam,

ližem nohte, gledam, tehtam možnosti: dobra tarča,
če ne za kamen, ki ga zabrišem, pa za moj pristanek.
Zasilen bo, že vidim, s tem se rad sprijaznim. Važno,
da pridem noter in padalo zložim, odpihnem drobtine

in zakurim ogenj s svojimi lasmi. Osebna žrtev in
skupna varnost. Res peče, a nisem proti, moti me
prav nič. Peklo je takrat v sobi, skoraj že salonu,
gospa v srednjih letih, ki je v študirala klavirsko

igro v Londonu, nam je delila zimzelene melodije,
nepravilne glagole in klofute, ki so zvonile dolgo,
še donijo v glavi, odmevajo in se kot dim zgubijo,
ko mimo hiše grem, v počasnem ritmu brez sinkop.

Yesterday a House, Today Nothing

Prule neighborhood, Ljubljana

In a slow unsyncopated rhythm I pass a house
with one window. I go, I go, I stop. From its huge pane
it summons me: a dark spot, as wide as a cap.
I read about it in an ancient Polish tale. I waver,

lick my nails, watch, weigh my chances: it is a good target,
if not for the stone I throw, then for my landing. It will be
an emergency landing, I can see that, happy to accept it.
What matters is that I get in and fold my parachute, blow away

breadcrumbs and light a fire with my hair. Personal sacrifice
and collective safety. It really burns, but I'm not against it,
not at all. It was burning in the room, a modest drawing room,
a woman in middle age, who had studied piano playing

in London, doled out evergreen melodies, irregular verbs
and slaps, which rang long. Still resounding in my head,
they echo and vanish like smoke when in a slow
unsyncopated rhythm I pass the house.

Knjigarna

Gallusovo nabrežje, Ljubljana

za Mojco Šoštarko

Blagor vsaj tebi. Tu je zima. V temi, še včeraj buden,
sem spet prišel, da prelistal bi naslove starih knjig,
majave stolpnice, pisatelje mladosti in strjeni med.
Vrata brez uradne ure, manjši pesnik brez ženske

spredaj za kartotekami sedi, poznam ga še iz časov,
ko vsi tulili smo enoglasno in zvesto, zbrana dela
zdaj za prgišče centov nudijo, brali smo obsedenci,
sveti Kapital. No, dobro: ne čisto vsi. Eni res smo šli

še v drugo smer, v pejsaže megle in drobni kriminal,
lažna rodbinska debla in hlače, ki se spodaj širijo,
kot se širijo gruče romarjev in duše moških z brki
na carini, ko smo pokazali rdeči potni list. Blagor

tebi, otrok socializma, dežela, ki je ni. Pogrešam te.
Hvala enako. Ni dobro, zakaj to misliš? Tu je zima.
Imam težave z jetri in telovadbo, spakujem se v šipi,
rad norce brijem, a to, kar šteje, si vedela in veš le ti.

Bookstore

Gallus Embankment, Ljubljana

for Mojca Šoštarko

At least you are blessed. Winter's here. In darkness, awake
since yesterday, I came to browse again through the titles of old
books, wobbly skyscrapers, writers of my youth and stiffened honey.
No opening hours on the door, a minor poet with no woman

sits behind files in the front, I know him from when
we all shouted in one loyal voice, collected works on sale
for a handful of cents, read the holy Kapital
like zealots. Well, okay: not exactly all. Some of us took

another road, into landscapes of fog and petty crime, false
family trees, trousers that spread at the bottom, as flocks
of pilgrims and the souls of men with mustaches spread
at customs when we showed them our red passports. Blessed

are you, a child of socialism, of a country that is no more. I miss you.
Me, too. Not good, why do you think so? Winter's here. I have
problems with my liver and exercise, make faces at the window,
like to fool about, but what matters, only you have known, and still know.

Balinišče

Gruberjev kanal, Ljubljana

Evo mene na terenu starem, spet moja dlan v tvoji,
po stopnicah hodiva, dolgih kot poletje, ki je bledo
od številnih parov in družin na topli strani klasja.
Še vedno greva, čeprav zdaj sam stojim, točno tu,

kjer dala si mi dobro lekcijo strasti in kepo raztopila
na dnu želodca, točno tu, kjer so slavili športne
mišice in klubske barve. Evo mene spet ob vodi,
na stopnicah, mladost v zašitem žepu časa in mleko,

razlito v televizijski reklami, sočne prsi Marjete
Gregorač, dekle iz revne soseske, z darom za dolge
vzdihe in kratko kariero, evo mene na terenu starem,
sem, kar sem hotel biti, ne več pešec, ne še klop,

med milostjo edinega sprehoda in semeni prvega
spoznanja, ne oziraj se, sine, glej strogo in naprej,
kot gledajo pritlikave trave in začudeni balinarji,
bela kepa se vali v drugo smer: kam gre, povej!

Bocce Court

Gruber Canal, Ljubljana

Here I am on my old turf, my hand again in yours, going
down the stairs as long as summer, which is pale from many
couples and families on the warm side of husks. We are still
walking, although now I am standing alone, right here,

where you gave me a good lesson in passion and melted the knot
at the bottom of my stomach, right here, where athletes' muscles
and club colors have been celebrated. Here I am, by the river again,
on the stairs, my youth in a sewn-up pocket of time and milk,

spilled in a television commercial, the succulent breasts of Marjeta
Gregorač, a girl from a poor neighborhood with a talent for long
sighs and a short career, here I am on my old turf, I am what
I wanted to be, no longer a pedestrian, not yet a bench,

between the mercy of a single stroll and the seeds of the first
insight, don't look back, son, look strictly ahead
like miniature grass and surprised bowlers look,
a white ball rolls in the other direction: where it goes, speak!

Elegantni lok

Trnovo, Ljubljana

Novi most je tak kot novi gospodarji: prostor pomeni
jim vse, čas pol toliko, mogoče ob drugi priliki. Nič
ne rečem, most ima res ploski trebuh in široke boke,
med njimi so igrali nogomet, nočno srečanje ekip

pod žarometi, čeprav dvomim, da kdaj so videli, kar
vidim jaz. To niso preigravanja v konici, ne bravure
golmanov in pobiralce zablodelih žog, ampak mlinar,
ki razkoračen stoji nad kolesom iz lesa, zavihanih hlačnic

in stisnjenih ust, kako med bregovi zarisuje bližnjico,
treba je rumeni curek naravnati in nov pospešek dati sili,
rekord izboljšati v soseski in biti arhitekt začasne zmage,
treba je iskreno ljubiti: težka naloga, mogoče lepa oblika.

Škoda za svetlobo, ki redko, vse preredko, se pojavi
skoz meglico nad gladino, časa je malo, prostora ne dam,
nujno potrebujem elegantni lok. Bil sem tam: če hočeš,
reci temu kraj privatnega spomina, če hočeš konec poti.

Graceful Arch

Trnovo, Ljubljana

The new bridge is like the new owners: location means everything
to them, time half as much, maybe, on some other occasion.
I won't deny the bridge has a flat stomach and wide hips.
Between them, soccer was played, a night meeting of teams

under floodlights, although I doubt they ever saw what I see.
Not first-class dribbling in the attack, not the bravura
of goalkeepers and gatherers of stray balls, but a miller,
straddling a wooden wheel, trousers rolled up and lips pursed,

how he sketches a shortcut between the banks, one must adjust
the yellow stream and give a new boost to power, improve the record
in the neighborhood and be the architect of a temporary triumph,
one must love sincerely: a difficult task, perhaps a beautiful form.

Too bad for the light, which rarely, all too rarely, appears through
the mist above the river surface. Time is short, I don't give up space,
I urgently need the graceful arch. I was there: if you want,
call it a place of private memory, if you want, the end of the road.

Botanični vrt

Ižanska cesta, Ljubljana

za Simono Škrabec

Čas mineva počasneje. Ko je zrak mrzel,
pričakujem več netočnosti. Radostijo me
rastline in kopice sena, ki so zrasle na plažah
pod nebotičniki. Na zahodni fronti je nemirno.

In kasneje: natočiti vročo kavo in z isto roko
prinesti keramiko do ust, to je velikanski dar.
Pohvaliti dosežke vrtnarjev in papagaje kuštrati,
ki vreščijo v parkih Barcelone, odraščati v jeziku

stroge matere in odsotnega moža, pisati prošnje,
žetvene pesmi mrmrati, vejo vrbe žalujke grizljati
ob nespečnih nočeh upati na odgovor z važnega
mesta. Prišel bo kot neslišni žvižg in dolgi vlak

z vagonom za sanje. Še kasneje, ko je zrak topel,
pričakujem nezadržno rast in cvetenje magnetnih
oči, črnordeči sok španskega bezga in žive stvari.
Čast, komur čast: ostane mi le tiho branje.

Botanical Garden

Ižanska Road, Ljubljana

for Simona Škrabec

Time passes more slowly. When the air is cold,
I expect more inaccuracies. I am cheered by the plants
and haystacks that have grown on the beaches
beneath skyscrapers. Not all is quiet on the western front.

And later: to pour hot coffee and to bring the ceramic cup
with the same hand to the mouth, this is a tremendous gift.
To praise the achievements of gardeners and ruffle the parrots
shrieking in the parks of Barcelona, to grow up in the language

of a strict mother and absent husband, to write requests,
to murmur harvest songs, to nibble on the branch of a weeping
willow on sleepless nights hoping for an answer from a high
place. It will come like a silent whistle and a long train

with a carriage for dreams. Later, when the air is warm,
I expect unstoppable growth and the blooming of magnetic
eyes, black-red elderberry juice and living things.
Honor to whom honor is due: I'm left with only silent reading.

Pod kostanji

Sotočje Gradaščice in Ljubljanice

za Davida Albaharija

Pridi z mano ven, pod kostanje, osipajo se spet,
prijatelj iz mladosti, kaj prijatelj, pesniški heroj,
ki me z molkom je učil, kako primerno govoriti.
Od mize vstane, droban in suh kot hrt, in mi sledi,

prvič ni obratno, brez vidnega napora in natančno,
jasno in preprosto kot proza, ki jo piše. Tu je ustje,
takoj za prvim vogalom, tu glavna reka krotko pije
iz pritoka, ki ne širi svoje strugo, ujeto med solato,

bare za zgodnjo kavo, golobe in nostalgijo po daljni
Donavi. In ni trdnjave niti parka, ki varuje mejo
v bivšem mestu, včeraj, predvčerajšnjim, neizprosno
tu, a že skoraj izginula, kot modrikasti stebriček

nad pogorišči iz dežele, ki se dviga iz skupne cigarete.
Podajava si jo v krogu, če je to krog, polarni metež
nove domovine, skalne gore in sive kasarne, šumeče
listje in prisilno zbujanje: ni me, nikoli me ni bilo.

Under the Chestnuts

Confluence of the Gradaščica and Ljubljanica Rivers

for David Albahari

Come out with me under the chestnuts, shedding again, friend
from my youth, not a friend, a poetic hero, who taught me
with silence how to properly speak. He gets up from the table,
small and slender like a greyhound, and follows me,

for the first time it isn't the reverse, effortless and precise, clear
and simple as the prose he writes. The mouth is here, just after
the first corner, here the main river drinks meekly from the tributary
and does not expand its bed, caught between lettuce,

early coffee bars, pigeons and nostalgia for the distant Danube.
And there is no fort or park to protect the border
in the former city, yesterday, the day before yesterday,
relentlessly here, but nearly vanished, like a small bluish column

above the ashes in the land, rising from a shared cigarette.
We pass it in a circle, if this is a circle, a polar blizzard
of the new homeland, rocky mountains and gray barracks,
rustling leaves and forced waking: I don't exist, I never did.

Turška restavracija

Yildiz Han, Karlovška cesta, Ljubljana

Pod dremavim nadstreškom, med čokatim gradom
in prometno cesto sedi točaj, velik od svetlobe.
Spodvitih nog in nizko pri tleh z razširjenim
naročjem vabi: k meni, k meni, dovolj je orehov

in medu. Pridem in se pomešam med ljudi. Vsak
od njih ima ljubezen, edini sem brez para tukaj.
Je torej čudno, če oziram se čez ramo? Iz tujega
kozarca srkam, pijem pa iz skupne pipe. Najprej

počasi, nato do dna. Pogovarjal bi se rad, a navada
je premočna: vzamem knjigo v roke in nekaj časa
berem mrtve moške, sebi v brado. Rad zadržal bi
obup, deluje bolj slabo. Še močneje moram pogled

izostriti, da bom znal skomigniti s prijaznimi rameni,
ko natakar se obdrsne obme, gladko je obrit in lice
si zaslanja. Stopil je iz matinejske predstave. Sedeži,
temno platno in prosojna duša: veliko male drame.

Turkish Restaurant

Yildiz Han, Karlovška Road, Ljubljana

Under a drowsy canopy, between the stout castle
and a busy road, sits the bartender, large in the light.
Legs crossed on the floor with a widespread lap
he invites: come to me, come to me, there's enough

walnuts and honey. I go and mix among people.
Each has a love, I'm the only single one here. Is it
any wonder that I look back over my shoulder? I take
a sip from a stranger's glass, drink from a common tap.

Slowly at first, then to the bottom. I would like to talk, but habit
is too strong: I take a book in hand and for some time
I read dead men to myself. I want to withstand despair,
it works poorly. I have to sharpen my gaze even more

so that I know how to shrug with friendly shoulders when
a waiter brushes against me, clean-shaven and covering
his cheek. He has stepped out of a matinée performance.
Seats, a dark screen and a transparent soul: many minor dramas.

Praznih rok

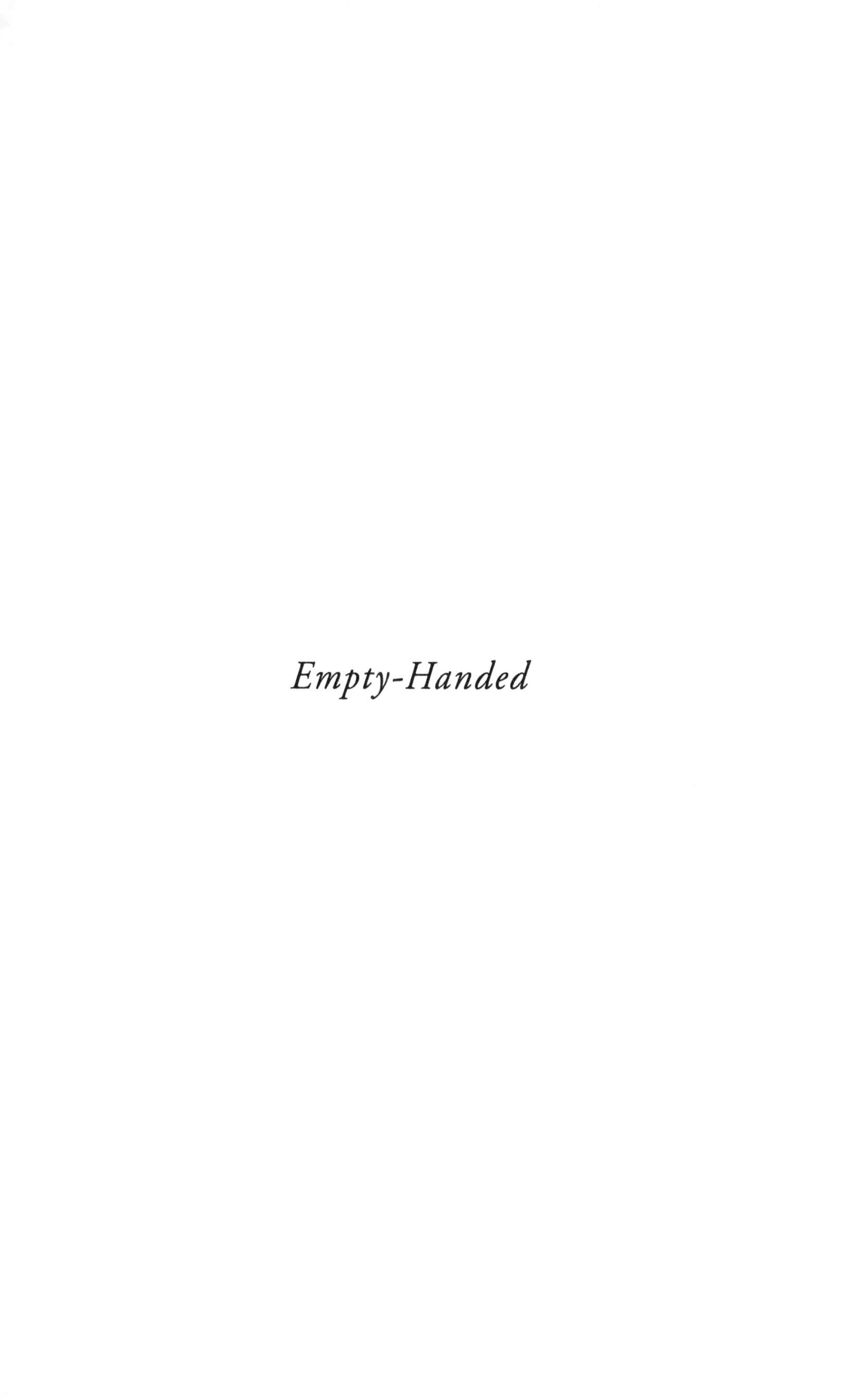

Empty-Handed

Tihotapci

Otroci nemi zidajo mesta brez oken in vrat,
zgodaj zjutraj, preden je petelin prvič zapel.
Kdor ima očala, si jih briše, kdor si mane
začudene oči, je plen nespečnosti. Ko gorijo

le še sveče, je čas za dolge tihotapske poti,
selitev na drugo stran zrcala in mehke, tople
zaupnosti. Nežna roka na trebuhu ne miruje,
že mogoče, da prepovedan sad najhitreje

zgnije, ampak nekaj komaj znosnega živi
v načinu, kako mestne ulice vseeno dihajo,
čeprav hiše vsak večer spreminjajo barvo
in obliko: opeke tonejo v skupnem spominu.

Zgodaj zjutraj, preden je iz igre izpadel
zadnji bodoči pravnik, smo ostali sami,
rekruti neuporabne vojske: prenašamo
kamne od palač do tja, kjer je bil travnik.

Smugglers

Silent children build cities without windows and doors
early in the morning, before the first rooster crows.
Those who wear glasses wipe them, those who rub
their astonished eyes are prey to insomnia. When only

candles burn, it is time for long smuggling routes,
migration to the other side of the mirror and soft, warm
intimacies. A gentle hand on the belly doesn't rest,
it's possible forbidden fruit rots the soonest,

but something barely tolerable lives
in the way city streets still breathe,
although every evening the houses change color
and shape: bricks sink into shared memory.

Early in the morning, before the last future lawyer
was pulled from the game, we alone remained,
recruits of a useless army: we carry
the palace stones to where a meadow once was.

Raznašalec časopisov

Zlezel sem skoz lino južne svetlobe, nekateri
so jo videli v mraku, šel sem peš do mesta, dobro
ga poznam. Imel sem težke žepe in naletaval
je moker sneg: čakali so me časopisni snopi.

Nujna zadeva: kdor ljubi, tvega mnogo oblik
začudenja. Listi šelestijo, gorijo naslovnice
in popularni komentarji v zgornjem levem
kotu. Poročila o prepirih med štirimi zidovi

in stropom mrgolijo, med nebom in prosečimi
pogledi. Zlivajo se v reportaže o lakoti in
črno kroniko, osmrtnice za kurirje fantazije
in poglavja o govorici divjih rož, mogoče

sivka, tulipani gotovo ne. Bos hodim v tuji
zimi, nič prav dobro ne pomaga, zlorabljam
mnoge bralce in tiskarske škrate, novice
nadomeščam s ploščatimi skalami Paga.

Paperboy

I climbed through the window of southern light,
which some saw in the dark, and walked to the city
I know well. My pockets were heavy and wet snow
fell: piles of newspaper were waiting for me.

An urgent matter: whoever loves risks many forms
of amazement. Leaves rustle, headlines
and popular commentaries in the upper left corner
burn. Accounts of arguments swarm between four walls

and the ceiling, between the sky and pleading looks.
They flow into reports on hunger and the crime page,
obituaries for messengers of fantasy and chapters
on the language of wild flowers, perhaps

lavender, definitely not tulips. I walk barefoot
in the foreign winter, nothing really helps, I abuse
many readers and misprints, replacing
news with flat rocks from the island of Pag.

Nasvet mlademu pesniku

Preden se pustimo ujeti kot cvileči psi
pred barakami, ki so jih lastniki zapustili,
glodajoči strah pred neznanimi topovi,
podzemni tuneli do svobodnega ozemlja.

Preden se pustimo opsovati kot preroki,
preslišali smo poročila o pravicah živali
in rastlin, kamne so spregledali, raje
smo sanjače svarili in ponižne pridige peli.

Preden se pustimo osramotiti kot trgovci,
odpeljali smo dečke in starke iz prodanih hiš,
za kar ni potrebno dosti, če mene vprašaš,
samo pokvarjen značaj in dih bežeče sipe.

Preden se pustimo potopiti kot admirali,
izgubili smo kompas in družinsko srebrnino,
bi rad ti rekel tole: do sredice vseh stvari
pride samo tisti, ki ne vlada, ampak služi.

Advice to a Young Poet

Before we let ourselves be caught like whimpering dogs
in front of shacks the owners have abandoned,
the gnawing fear of unknown cannons,
underground tunnels to free territory.

Before we let ourselves be reviled like prophets,
miss the reports on the rights of animals
and plants, overlook the stones, we choose
to warn dreamers and sing humble sermons.

Before we let ourselves be disgraced like merchants,
take boys and old women from sold houses,
not much is needed to do this, if you ask me, only
a corrupt character and the breath of a fleeing cuttlefish.

Before we let ourselves be sunk like admirals,
lose our compass and the family silver,
I would like to say this: to the core of all things
comes only the one who does not rule, but serves.

Živi in mrtvi

Pokopališče Ljubljana-Žale, novi del.

za Boštjana Seliškarja (1962–1983)

Prišel sem že nekajkrat letos, če romanje odmislim
z obvezno svečo za vse svete, jasno. Prišel sem, da
pogladim trave, ki štrlijo v vse smeri, kot da niso
tvoje, kot da s tabo si delijo le nagrobnikovo težo.

Trmoglave so in ostre, kot ti nikoli nisi bil. Niti ne
takrat, ko imel si prav. Davke si pobiral, namesto
pretepačev si nosil pošto in se naučil mraka v omari.
Enkrat si se le uprl, iz ust si hotel zmečkani robec

potegniti in se osvoboditi. Trave rinejo navzgor,
ven in stran od jarma iz granita. Kam? Kamorkoli,
samo da ne ostanemo doma, pod pokrovom mesta,
kjer so predniki sejali šibko seme. Možno, da nič

ni strašno. Važno je, da želja traja in traja trmoglavo.
Ni treba, da resnica te skrbi, a pokleknil sem vseeno,
preden sem se vrnil pod obzorje iz anten in zmede:
pokleknil sem in nežno trave gladil, skoraj do krvi.

The Living and the Dead

Ljubljana, New Žale Cemetery

for Boštjan Seliškar (1962–1983)

I was here a few times this year, aside from the pilgrimage
with the obligatory candle for All Saints' Day, of course. I came
to caress the grass jutting out in all directions, as if it wasn't
yours, as if it only shared the tombstone's weight with you.

It is stubborn and sharp, as you never were. Not even
when you were right. You collected taxes, carried mail
and learned darkness in a closet. You rebelled just once:
you wanted to pull the crumpled handkerchief

from your mouth and be free. The grass pushes upward,
out and away from the granite's yoke. Where to? Anywhere,
as long as we don't stay at home, under the lid of the city,
where our ancestors sowed weak seed. It's possible that nothing

is horrible. It is important for desire to hold, and hold stubbornly.
You don't have to worry about the truth, but still I knelt,
then returned to the skyline of antennas and chaos:
I knelt and caressed the grass until blood was nearly drawn.

Na palubi

Prišla sva gledat, kako se je prijelo seme
na tujih tleh, fin arabski pesek v mednožju,
prijetno ščemenje med plovbo redne linije,
bazarji in dišave, mehke kaplje in ostre čeri,

med moškim in žensko je vsako srečanje prvo,
vročični poljub, možna izbira med tu in tam,
kjer ni opore, se je treba odločiti na lastno pest
in odigrati vlogo, ki ni prosila, ampak terjala,

da sem po terasah velikega trajekta, po kabinah
za potnike lovil vonje in strani, iztrgane replike
brez pomoči in šepetalke. Dobro ve posadka,
kaj je treba delati in kaj storiti, drugače kakor

jaz in ti, ko sva prišla pogledat, kaj se skriva
v črnici med razpokami lesa, kamor segajo
tatinski prsti. Palubo so zasedli zbiralci perja
in porazov, nikomur ni jasno, kdo je na vrsti.

On the Deck

We have come to see how the seed has taken root
in foreign soil, fine Arabian sand in the crotch,
a pleasant tingling during the regular voyage,
bazaars and fragrances, soft drops and sharp rocks.

Between a man and a woman every meeting is the first,
a feverish kiss, a possible choice between here and there,
where there is no support, one must decide on his own
and play the role, which did not ask but demanded

that along the terraces of the large ferry, through passenger
cabins, I chase odors and pages, torn-out responses
without assistance or a prompter. The crew knows well
what it must make and what to do, unlike you and me,

when we came to see what's hidden in the black dirt
between the cracks in the wood, where thieving fingers
reach. The deck has been taken over by collectors
of feathers and defeats, no one knows whose turn is next.

Tiralica

Nad mestom ugašajo oblaki, tenki kot gaza
in okvir tiralice: iščejo me, ubežnike sem
nahranila in prenočila. Ko sem jih zadnjikrat
videla, zaprti bari, pridušeni odmevi, otožno

zastarela znamka, so pluli scefrani ob robovih,
prav tako kot dlan, ki preide v zapestje brez
jasne meje. Toplota raste, če se deli, ko položiš
se drugemu v naročje, na kratko, preden poči šiv.

Kirurgi ob vzhodni reki govorijo in s potico
strežejo, še daleč je vladavina nežnega sramu,
drugačen poklic bi morala izbrati. Zločin je iz
spečega človeka izrezati ledvico, tam in tukaj,

pod zastavami, ki enako ravnodušno plapolajo
nad zakotnim gnezdom in prestolnico stoletja.
Čas ne vem, če nudi tleče upanje, drugje mogoče,
a iščejo me v domačem mestu: govorim resnico.

Arrest Warrant

Above the city, the clouds dim, thin as gauze and the frame
of an arrest warrant: they are looking for me,
I fed and put up fugitives for the night. When I last
saw them, closed bars, muffled echoes, painfully

outdated trademark, they were sailing, frayed at the edges,
just like a hand that becomes a wrist without clear
boundaries. Heat increases if shared and you place
yourself in another's arms, briefly, before the seam splits.

Surgeons by the East River chat and serve potica,
the reign of tender shame is still far off, I should have chosen
a different profession. It's a crime to cut a kidney
from a sleeping man, there and here, under the flags

that flutter indifferently, the same above a remote nest
and the capital of the century. I don't know if time offers
smoldering hope, elsewhere maybe, but they are looking
for me in my home town: I'm telling the truth.

Grajski drevored

Tako bo in nič drugače, je rekel. Kdo? Temnolasec,
ki zdaj popoldansko meglo golta in gumbe mi pobira
iz kratke srajce, čudno jo odpira, v stilu, ki je že iz
mode. In vem: štopar, ki nikoli ne vstopi! Daj bog

očarljive besede in gladke zaključke, daj vitko brezo,
da nanjo se naslonim in pozabim, kako življenje nas
lahko poniža, kot vikend luna in rože v naramnicah
črnine, daj vero v možnost skupnega upora in kadenco

blagoslova, nekoč sem ga že ga znala prelomiti v vrisk.
Jezik ne pozna privatne lastnine. Tako bo in nič drugače,
je rekel. Kdo? Temnolasec, ki prej je srebal pivsko peno,
spodaj ima družbo, pri starem Vodniku, me prepričuje.

Ne ve, da ni potrebno, res: objamem deblo in se v bele
gube skorje spremenim, sveže sem olupljena. Piši zdaj
tako, kot si želim, zareži krepko, da se bo poznalo, ime
za radost, ki prši in kratki stik. Tako bo in vse drugače.

The Castle Avenue with Trees

It will be this way and no other, he said. Who? The dark-haired boy
now swallowing the afternoon fog and picking buttons
from my short-sleeve shirt, it opens strangely, in a style
out of fashion. And I know: a hitchhiker who never gets in!

God grant me charming words and smooth endings, grant me
a slender birch I can lean against and forget how life can humiliate us,
like a moon and flowers in the straps of a black weekend dress,
grant me trust in the possibility of a common uprising and the cadence

of a blessing, once I could break into a jubilant shout. Language
knows no private property. It will be this way and no other,
he said. Who? The brunet, who was sipping beer foam earlier,
he has friends down the hill, in the old Vodnik pub, he persuades me.

He doesn't know there's no need, really: I embrace a trunk
and change into folds of white bark, I am freshly peeled. Now write
the way I want, cut boldly, so it shows, the name for joy
that sprays, and a blowout. It is this way and every other.

Ljubezensko drevo

Drevo, ki raste tam, kjer ljubezni se vrtijo v krog,
nevedni naraščaj strasti, drevo je že mogoče sveto,
ampak če pod njim ležiš, kot jaz, s prepolno glavo
in drobovjem, ki drgeta kot trop sestradanih meduz,

ti ostane bore malo možnosti. Kar se mene tiče,
je razglednica prispela že prepozno, vozni red
odprave se ni spremenil, sploh ne. Odpreti moram
usta: večerna sluz, stopinje do bifeja, slane preste

in riba, ki jo izpljunem v jutro brez pridevnikov.
Treba bo dvigniti zapornice: kdor zdaj sam ostane,
ne na varnem, ampak suh, kdor zdaj noče s tokom
usklajeno tarnati, kdor v tenki plamen raje gleda

kot pod gladino, ta bo še dolgo sam ostal, kavarne
komaj obiskane in knjige o vremenu in hladne pipe.
Drevo, ki raste tam, kjer ljubezni se vrtijo v krog,
je znane vrste, veliko moje blaznosti in malo lipe.

The Tree of Love

The tree that grows there, where love turns in a circle,
the ignorant offspring of passion, the tree might be holy,
but if you lie under it, like I do, head overflowing
and innards trembling like a swarm of starving jellyfish,

few options remain for you. As for me, the postcard
arrived too late, the timetable for the expedition
hasn't changed, not at all. I have to open my mouth:
the evening slime, footsteps to the bar, salty pretzels

and fish, which I spit out into the morning without adjectives.
The floodgates will have to open: whoever's alone now
stays not safe, but dry, whoever refuses to lament in harmony
with the stream, whoever prefers to stare into a thin flame

rather than below the surface will long remain so,
seldom visiting cafés and books on weather and cold pipes.
The tree that grows there, where love turns in a circle,
is of a known species: much of my madness, a bit of linden.

V notranjem krogu

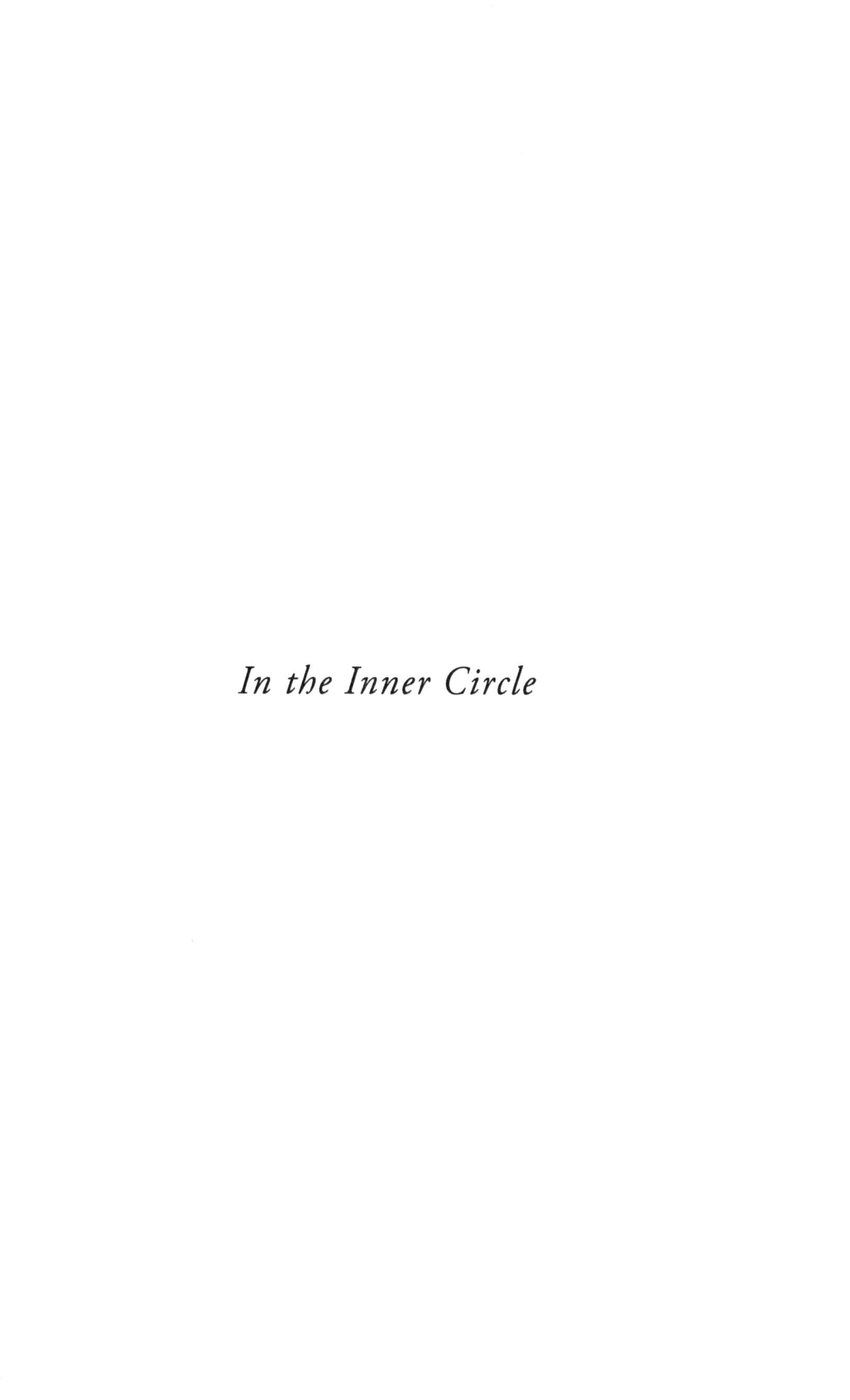

In the Inner Circle

Balkanski most

za Igorja Štiksa

Drugi delajo si zvezdni zemljevid, midva dol strmiva,
v zaupljivo vodo, in dolgo šepetava o dišečih zrnih
in skrivališčih, slabih in manj slabih časih, vrtoglavo
te zadane, kot nosečnico, ki ne donosi, če preveč

predaja se prividom. Množijo se s peskom na obali
slehernega mesta, kamor te vleče nejasna obljuba,
gradivo za roman, otožni hišnik, pismo pod vrati.
Pojma nimam, kdo v soseski včeraj modnih likov,

ki tvoja družba so iz nuje in zvedavosti, kdo res ve,
da v vsakem naključju počiva ključ, kdo s tabo sedi,
in kdo vidi to, kar vidiš ti: peno okrog ust, ki spremlja
propadle študente v snu, razrite ulice, trg brezimnih

talcev. Kobile žalostno hrzajo in samomore delajo.
Ti vidiš novo kožo in celino, vidiš stran v knjigi,
ki jo boš napisal, vidiš luže na pločnikih Chicaga
in Pariza, vidiš znak samote in mnogo bralcev.

The Balkan Bridge

for Igor Štiks

Others make their star maps, we gaze down into the trusting
water and whisper about fragrant grains and hiding places,
about awful and less awful times, and dizzily it hits you,
like a pregnant woman who miscarries if she surrenders

too much to mirages. They multiply with the sand on the shore
of every city, where a vague promise pulls you, material for a novel,
gloomy housekeeper, a light under the door. I have no clue
who in the neighborhood of yesterday's fashionable figures

are your company out of need and curiosity, who really know
that there is a coin in every coincidence, who sit with you
and who see what you see: foam around the mouth, which monitors
failed students in their sleep, rutted streets, the square of nameless

hostages. Sorrowful mares neigh and commit suicide.
You see new skin and a new continent, you see a page in a book
you will write, you see puddles on the sidewalks of Chicago
and Paris, you see signs of solitude and many readers.

Ženska, ki je ni

Hommage Ivu Andriću

Žal mi je, da nisi dlje ostala, konica sije v mraku.
Saj tudi drugi, ki jih poznam na videz, se oglasijo,
odpisani, ne pozabljeni spomini in prasketanje peči,
prisegam, gorelo je v kovinskem gašperju, ki želi si

hrano, premog in polena dremajo v kleti, obvezne vaje
niso bile skladne s počitkom, kot sva si ga zamislila,
čeprav pred plapolanjem res ne čutim nobene groze,
prej nekaj podobnega spremembi, iz dneva v dan,

prisegam, bil je dolg premor za bratstvo in enotnost
in prvomajski kres, kdo si in čigava si, zakaj tvoje
besede zvenijo iskreno, kadar so najmanj resnične,
oblike oranžnih eksplozij bi si zaslužile pozornost,

ki jo vsak razviti narod posveča svojim modrecem,
novi stili branja in obljube, prelomljene kot skoki
čez plamene, vdihneš dim in izdihneš temo, teden
zaupnih pogovorov: žal mi je, da nisi dlje ostala.

The Woman Who Isn't There

homage to Ivo Andrić

I am sorry you didn't stay longer, a tip glows in the dark.
The others I know by sight also drop by, written off,
not forgotten memories sputtering in the stove,
I swear, the fire burned in the small metal stove, which longs

to be fed, coal and logs doze in the cellar, mandatory exercise
was not in line with our rest, as we conceived it,
although I don't feel horror before the flickering,
rather something resembling change, from day to day,

I swear, it was a long break for brotherhood and unity,
and the first of May bonfire, who are you and whose are you,
for your words sound sincere when they are least true,
the shapes of orange explosions would deserve the attention

that every developed nation devotes to its sages,
new styles of reading and promises broken like jumps
over flames, you inhale smoke and exhale darkness, a week
of intimate conversation: I am sorry you didn't stay longer.

Once upon a Time in America

Kino Komuna, Cankarjeva ulica, Ljubljana

Isti drget na obeh straneh kože, isto rahlo razodetje:
nikjer toliko zvezd kot v razbitem oknu domače hiše,
nikjer toliko načinov, da človek zlahka rimo odloži
v kozarcu in planetu teme, nikjer toliko prijateljev,

molčečih po potrebi, zvestih kot sidro na začasnem
delu v globini. Rad se tu oglasim, primerno napovedan,
čeprav žalobno kratko, premalo za pravi bluz, posedim
pa rad. Rad ležim, če sem natančen, gledam stebla senc

na zidu, koledar mi je v napoto, ampak se ne pritožujem,
lenarim na obroke, zmerno, gledam iz prepričanja, kako
nihajo in valovijo svetlobni vrtinci, iskre in boleča ledja,
sili me nihče, sam od sebe se odrečem pravici do besede,

in hvaležno zrem v slike, še dobro, da ležim in od daleč,
od blizu redko, spremljam, kako nekdo drug razdaja to,
kar meni manjka, preprosti čudež brez oblike in užitek,
ki ni dosti manjši, kadar se pretakam v ohlajene sklede.

Once upon a Time in America

Komuna Cinema, Cankarjeva Street, Ljubljana

The same shiver on both sides of the skin, the same slight revelation:
nowhere are there so many stars as in a broken window in your own home,
nowhere are there so many ways for a person to easily drop his rhyme
into a glass and a planet of darkness, nowhere are there so many friends,

silent if necessary, faithful like an anchor on a temporary job
in the depths. I like stopping by here, properly announced, though
my stay is sadly brief, not enough for real blues, but I like to sit around.
To tell the truth, I like lying down and watching shadow stems

on the wall. A calendar is in the way, but I do not complain,
I idle in installments, moderately, watch from conviction
how the swirls of light swing and wave, sparks and aching loins,
no one makes me, I alone deny myself the right to speak,

and gratefully I stare at images, it's good that I'm lying down
and watching from a distance, rarely from nearby, how someone else
gives away what I am missing, a simple formless miracle and pleasure,
which isn't much less when I flow into chilled bowls.

Jazz klub

Beethovnova ulica, Ljubljana

Matjažu Pikalu

Imaš kaj skupnega s človekom? Skače s kamna
na kamen, z rokami v žepih, začasno službo
in s činelami v ušesih. Zdravilo za življenje
v hrupu: veliko časa in skrbi za završene pse.

Imaš kaj skupnega s človekom, ki se nekaj
spomni, mnogo tudi ne? Podarjeni drobiž
v klobuku je nagrada za ljudske pesmi. Treba
ga je naložiti pametno, mogoče v novi klarinet.

Imaš kaj skupnega s človekom, ki s kamna
skače na kamen, proti obiskanemu klubu in
večerni predstavi? Sibirski mraz popušča,
ne tolažba prijateljev. Med prodajalci megle

in dirigenti se pogrezneš v tišino, pokljanje
parketa in neznane kože te spet vznemiri,
včasih preplaši. Imaš kaj skupnega s človekom,
ki trdi, da so topli zvoki in kamni vedno naši?

Jazz Club

Beethovnova Street, Ljubljana

for Matjaž Pikalo

Do you have anything in common with that man? He jumps
from stone to stone with his hands in his pockets,
a temporary job and cymbals in his ears. Medication for living
within noise: a lot of time and caring for abandoned dogs.

Do you have anything in common with the man who remembers
some things, but forgets more? The donated change
in his hat is his reward for folk songs. It's necessary
to invest it wisely, maybe in a new clarinet.

Do you have anything in common with the man who jumps
from stone to stone, toward the well-attended club
and the evening performance? The Siberian cold
is yielding, not the solace of friends. Among fog peddlers

and music conductors you sink into silence, crackling
parquet and unknown skin excites, sometimes frightens
you. Do you have anything in common with the man
who claims that warm sounds and stones are always ours?

Predsedniška palača

Erjavčeva ulica, Ljubljana

Ni padal dež, pomečkana trava je legla v nebo,
ki gazim ga, še korak in dva, pa bom v zavetju,
pod golo krošnjo bresta, ob deblu, objamem ga
previdno, da si ne bi strgal volnenih rokavic.

V hrbet gledam vetru in politiku, ki dlani je uprl
v boke in razkoračeno stoji, na ploščadi, razpokani
od mnogih zim in plašnih demonstracij. Za mano
stekleni zid, vrata se nenehno vrtijo, v ustih kipa

brez skrbi ne gnezdi nobena ptica: drugačen je ukaz.
Stiskam se ob bledo skorjo, bedni črv, izjema sem,
ki v temi se izgubi in pod lubjem tava, naenkrat
v več smeri, po plesnivih koridorjih iščem mrtve,

krvavo žetev obračuna, ki opevajo ga ljudožerci,
slep se zaletavam in kakor pes, ki koplje v krtino,
sledim drgetu, žareči piki, daljni v tekstu in resnici,
pacient, ki se zaman ozira za včerajšnjim dežnikom.

Presidential Palace

Council of Europe Park, Ljubljana

It wasn't raining, crumpled grass lay down in the sky
I trampled, another step or two and I will be in shelter,
under the naked crown of an elm, I hug its trunk
carefully so as not to tear my wool gloves.

I watch the backs of the wind and a politician, hands on hips,
legs wide, standing on a platform cracked from many winters
and timid demonstrations. Behind me there's a glass wall,
doors continually revolving, in the statue's mouth no bird

is nesting, don't worry: the command was different.
I press against the pale bark, a miserable worm, I am an exception
lost in the darkness, wandering beneath the bark, in more
than one direction at once, I seek the dead in musty corridors,

the account of the bloody harvest was praised by cannibals,
blindly I bump around like a dog digging in a molehill,
follow the shiver, the glowing dot, distant in a text and in reality,
a patient looking back in vain for yesterday's umbrella.

Sidro

Kongresni trg, Ljubljana

Da bi se zbudil, a ne še čisto, samo na robu bi visel,
za jadro bi se držal in verjel bi kapitanu na besedo,
vrvi bi zvesto zvijal in raztegoval kot so me naučili,
senca, ki se ločiti noče od človeka, svet v ravnotežju.

Kakšna zmota. Če gledal si kdaj v zid, približno dolgo,
in iskal zaman, čeprav brez naglice, sledove trgovskih
potovanj med lisami otokov in zaenkrat primerni veter,
če vprašal si odsev v ogledalu, zakaj zgleduješ se po

pomočniku, čeprav brez veselja, saj veš, da nisi vreden
vajenca, če kdaj si v pest zaklel, ker pred zakonom trepetaš,
malo zmeraj kriv in če ugriznil si krepko v prste, sklenjene
v molitev za pogrešane, če je tekla kri: imamo resen primer.

Kakšna zmota. Da bi se zbudil, a ne še čisto, moraš zbrati
ves pogum, drhteti od tesnobe in biti skoraj blazen, padec
bo globok, če ti odpovejo roke, še zlasti, če si brez varuha.
Ne bi se zbudil, sploh ne: raje bi lebdel kot odložena kazen.

Anchor

Congress Square, Ljubljana

To wake up, but not quite yet, I would just hang on the edge,
holding onto the sail and taking the captain at his word,
would faithfully roll and stretch the ropes, as I had been taught,
a shadow that refuses to separate from the man, a world in balance.

What a mistake. If you've ever stared at a wall for a long time
and searched in vain, though without haste, for the traces of merchant
voyages among smears of islands and, for now, adequate wind,
if you've asked the reflection in the mirror why you imitate the assistant,

though without pleasure, because you know you're not a worthy apprentice,
if you've ever cursed into your fist because you tremble before the law,
always a little guilty, and if you've bitten your fingers, joined
in prayer for the missing, if blood has run: we have a serious case.

What a mistake. To wake up, but not quite yet, you must gather all your
courage, shiver with anxiety and be almost mad. The fall will be deep
if your hands fail you, especially if you have no guardian. I wouldn't
wake up, not at all: I would rather float like a judgment postponed.

Kip ilegalca

Štefanova ulica, Ljubljana

To nesrečno mesto, kjer se ponavljajo porazi,
spopadi oboroženih sil so brez človeške mere,
tiskarne obratujejo v prepovedanem jeziku,
knjige berejo med debli in ruševinami, zapori

po tekočem traku kadre izdelujejo, primerni so
za omejene nočne akcije. Nevidni bataljon kaže
pot v dolino miru, zločin in maščevanje: velika
razlika. Hoteli so polni oficirjev in mestnih žensk,

ki znajo potešiti željo po širinah izgubljene zemlje
in dolžinah odpuščanja, skriti grehi so javne vrline,
vsi vaši pogovori se snemajo, mikrofoni so v zidu,
važne so bolečine upornikov in imena redkih ptic.

Oko sokola se blešči, ostrijo se orlovski kljuni,
perje nad strehami frči in gledalci spodaj smò že
znojni. Predirni kriki in hitri udarci, krvaveče meso
in temni sij svobode: na svidenje v naslednji vojni.

Statue of Anti-Fascist Activist

Štefanova Street, Ljubljana

In this unhappy town, where defeats are repeated,
clashes of armed forces lack human dimensions,
printing houses operate in a forbidden language,
books are read among tree trunks and ruins, prisons,

producing on the assembly line cadres suitable
for limited night actions. The invisible battalion shows
the way to the valley of peace, crime and revenge: a big
difference. The hotels are full of officers and local women

who know how to quench the desire for latitudes of lost land
and longitudes of forgiveness, hidden sins are public virtues
and all conversations are recorded, microphones are in the wall,
the pain of insurgents and the names of rare birds are important.

A falcon's eye glitters, eagles' beaks are sharpened,
feathers fly above rooftops and the spectators below are already
sweaty. Piercing shrieks and quick blows, bleeding flesh
and the dark sheen of freedom: see you in the next war.

Spodletelo srečanje

Grobnica narodnih herojev, Ljubljana

Navaditi kamne pod nogo, da bojo prag za sanje,
ne gradivo za prevzetne slavoloke in konjenike,
to je lažje reči kot storiti. Navaditi spomine,
da bojo hropli kot praprot v razklanem premogu,

navaditi otroke, da se ob šolskem zidu postrojimo,
iz oddelka za balet, resne ljubezni in rudarstvo,
čeprav smo nekateri brez sleherne predstave o tem,
kar beremo na tenkih lističih papirja, dva krat dva,

vse kaže na mojo pisavo, najbrž jo bom razvozlal,
ko bom mrtev in bel. Na domači zemlji nisem bil
med prvimi, ki sem trosil sončne zgodbe, po ulicah
so jagode zorele, živel in delal sem, kot so drugi rekli.

Za skupno stvar in obstoj plemena je vse dovoljeno,
a zdaj moram končno iti, drhtijo tla in tanki so na meji,
pešci bojo kaznovani s samico in koristnimi deli,
vsi drugi bomo ustreljeni: to je lažje reči kot storiti.

Failed Encounter

Tomb of National Heroes, Ljubljana

To train the stones underfoot to be the threshold
of dreams, not material for pretentious triumphal arches
and cavalrymen: this is easier said than done.
To train memories to rasp like ferns in split coal,

to train children from the departments of ballet, serious love
and mining to line up against the school wall,
though some of us have no idea what
we are reading on thin sheets of paper, two by two,

it seems the writing is mine, I will probably decipher it
when I am dead and white. I was not among the first
on native soil to scatter sunny stories, strawberries ripened
in the streets, I lived and worked as others commanded.

Everything is allowed for a common cause and the tribe's survival,
but I must go now, the ground trembles and tanks are at the border,
pedestrians will be punished with solitary confinement
and useful work, all others will be shot: this is easier said than done.

Obvezne vaje

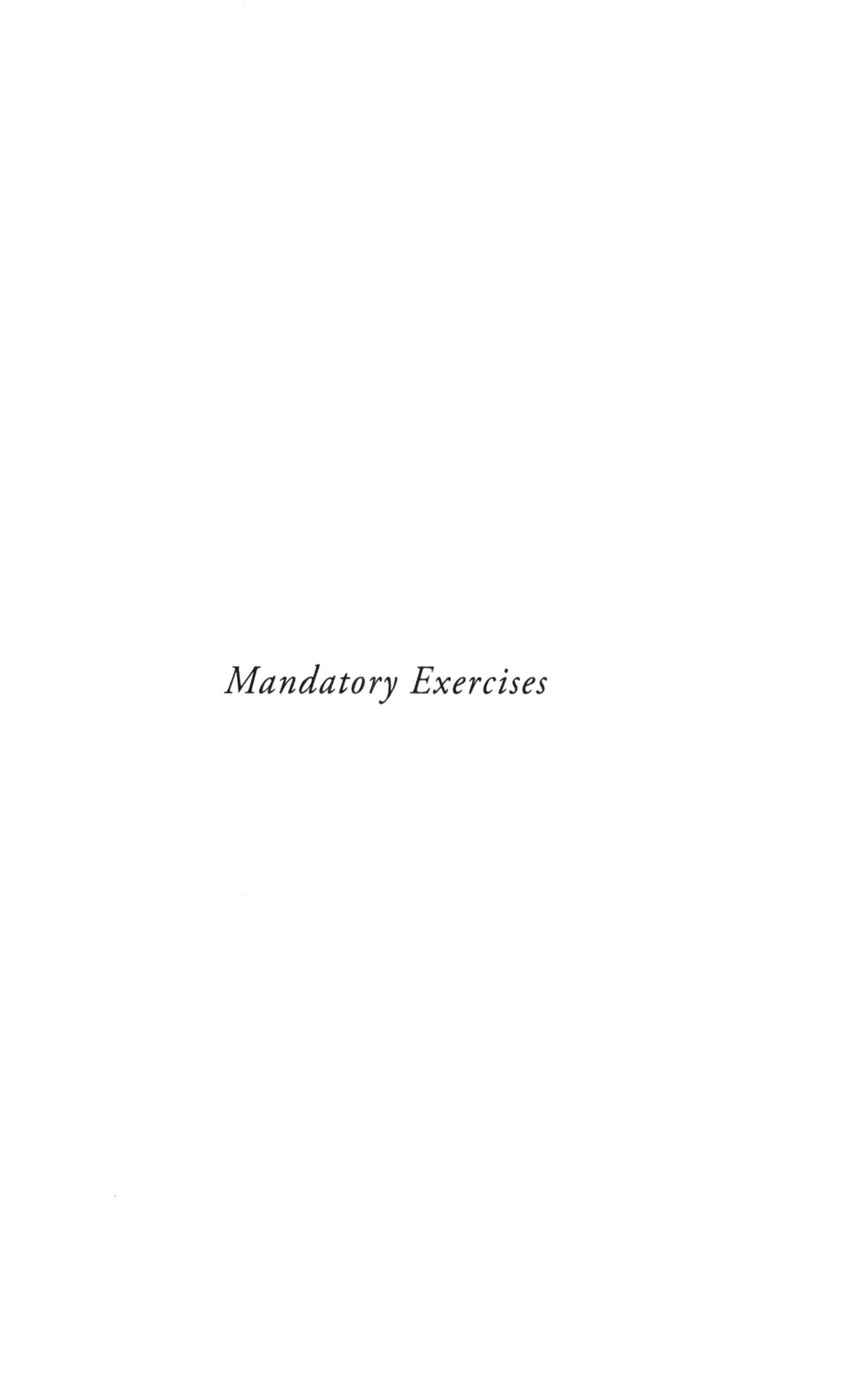

Mandatory Exercises

Norec ali pek

Na ljudskih modrecih je, da se resnica ne pozabi:
tisti, ki zgodaj vstaja, je ali norec ali pek. Zame
niti prvo niti drugo ne velja. Spim dolgo v dan,
žal mi je malo, skoraj nič, za cvrkutanje strnadov

in sinic. Glavo še naprej tiščim v blazino in veke
pod prijetno težo kamna. Naj traja, traja. Ja, seveda.
Ko se končno k sebi spravim, prva cigareta in kava,
razvada delavska, je pogosto že prepozno. Pogled

je bister in volja je velika, a zorni kot se mi izmika,
kot prijatelji, ki živijo v tujih mestih in pišejo o vodi
in zgodovini prav tako, še mnogo boljše kot doma.
Jaz le momljam v svetlobo, ki pride, ko ni obiskov,

pojavi se skoz meglico, podoba iz potopljenega sveta,
včeraj blizu, včeraj daleč, lepotna pika sredi popka,
ki sem ga napolnil prvi ženski stranki, zgodnje seme
in moka, ki jo stresam skozi okno zaprtega oddelka.

A Fool or a Baker

The sages make sure that the truth is not forgotten:
he who rises early is either a fool or a baker. For me,
neither the first nor the second is on the mark. I sleep long
into a day, barely regret, hardly at all, missing the chirping

of buntings and titmice. I press my head into the pillow
and my lids under the pleasant weight of a stone. Let it last and last.
Indeed. When I finally come to myself, first a cigarette and coffee,
a worker's vice, it is often already too late. My gaze

is bright and my will is great, but the angle eludes me,
like friends who live in foreign cities and write well about water
and history, some even better than they did at home.
I just murmur into the light that comes when no one visits,

that appears through a haze, an image from a sunken world,
yesterday nearby, yesterday far off, a beauty spot in the navel
of the first woman customer I filled up, early seed
and flour, which I shake through the window of a closed ward.

Vrvohodec

za Igorja Zabela (1958–2005)

Glej zoro in objem, glej napačno diagnozo, glej
trenje vrvi, menihi so jo privezali na strelovod,
napeta brni med pozlačeno kupolo in kabinetom.
V moderni galeriji luč gori in kustos dela za neznane

naročnike. Riše zemljevide za umetnike, ki nočejo
v domačem bloku obtičati, načrte za lebdenje in
druge ponovitve prvih korakov, tipalke in svileni
copati, mnogo vaj iz potrpljenja in rastoče vednosti.

Po tenki vrvi nekateri hodimo in že to je milostno,
da sploh kaj v kozarcu obdržimo, ne da bi polili,
mojstri za sodobne zračne tokove in kritiko praznine,
spremljamo se na ekranih v barvi ožete mandarine,

naši stili ravnotežja so različni, obsedenost pa ista:
priti na drugo stran, se rezila dotakniti in se vrniti.
Glej omahljivo roko tukaj in začasno zavetje tam,
žareča svetloba vzhoda, katalog brez zadnjega lista.

Tightrope Walker

for Igor Zabel (1958–2005)

Watch the dawn and the embrace, watch the wrong diagnosis,
watch the friction of the rope. Monks tied it to a lightning rod:
it hums, stretched between the gilded cupola and the study.
At the modern gallery the light is on and a curator works

for unknown clients. He draws maps for artists who refuse
to get stuck in their apartment buildings, plans for levitation
and repetitions of first steps, for tentacles and silk slippers:
exercises in patience and growing knowledge.

A few of us walk a thin rope and it's a mercy that we can keep
something in our glasses without spilling. Masters
of modern air currents and critics of emptiness, we monitor
ourselves on screens the color of a squeezed tangerine.

Our styles of balancing differ, but our obsession is the same:
to reach the other side, touch the blade and return.
Watch the uncertain hand here and the temporary shelter there,
the blazing light of the east, a catalog with the last page missing.

Ko prideš iz zapora

Povšetova ulica, Ljubljana

Ko prideš iz zapora, se bova skupaj sprehodila
do starih pivnic, danes so propadajoče banke,
bolezni brez zdravila se širijo in supermarketi,
prizadeta so pljuča planeta, prepovedan izstop.

Ko prideš iz zapora, zmagovalka moja s čudežno
baretko, drugače čisto gola, se bova skupaj sončila
na prostranih dvoriščih, kjer ležijo kuščarji, svetlo
zeleni kot otroški časi, gnezdo pod suhim žlebom,

povodni mož in Soča pri izviru. Nekdo, ne jaz,
v tem trenutku pohiti in dvigne baritonski glas,
kako prav zdaj je čas za vdajo, spravljive stiske
dlani, izbrisano tetovažo in druge lahkotne stvari.

Velik kot gora se nekdo, ne jaz, do vrat prerine
in pijano družbo zapusti, od zunaj posluša novice,
da potem ne bo obtožen za tišino, ravnodušno
javno mnenje in ptičjo gripo, ko prideš iz zapora.

When You Get Out of Prison

Povšetova Street, Ljubljana

When you get out of prison, we will take a walk together
to old pubs that are now dilapidated banks,
incurable diseases and supermarkets have spread,
the planet's lungs are afflicted, exit not allowed.

When you get out of prison, my champion with the magic
beret, otherwise completely naked, we will sunbathe together
in spacious courtyards, where lizards lie, bright green
like childhood times, a nest under a dry gutter,

a water man and the Soča at its source. Someone, not I,
rushes up at this moment and raises his baritone voice,
how it's time now for surrender, conciliatory
handshakes, de-inked tattoos and other light matters.

Large as a mountain, someone, not I, barges to the door
and leaves drunken company to listen for news from outside
so later he will not be accused of silence, indifferent
public opinion and bird flu, when you get out of prison.

Stara tovarna

Linhartova ulica, Ljubljana

Kdo bo bral verze, zapisane v kalno vodo,
umivam se in pljuskam v lica in malo me
zanima, da tovarna več ne stoji, opomba
pod črto in modri delavski predpasniki,

nedolžnost brez zaščite. Hrano s sabo
prinesite, naglo jo pogrejte v najeti sobi,
pol ure fiskulture na hodniku in skupno
stranišče, domače skrivnosti so slabo skrite.

Kdo bo bral verze, zapisane v kalno vodo,
zapisane v dim nad dimniki, umivam se
z vratarji in mehaniki, kolegi mojega očeta,
zajemam iz luže na dvorišču, na tej strani,

dolge kolesarske vožnje, komaj kje kak avto,
osat in kopriva, pekoča roka in srednji prst,
mi nismo angeli, ki sedijo na ramenih
zrelih melanholikov, mi smo banda lažniva.

Old Factory

Linhartova Street, Ljubljana

Who will read verses written in murky water,
I wash and splash my face, and little do I care
that the factory is gone, a footnote,
blue workers' aprons, innocence

without protection. Bring food with you,
heat it up quickly in a rented room, half an hour
of exercise in the hallway and common toilet,
domestic secrets are poorly hidden.

Who will read verses written in murky water,
in smoke above chimneys, I wash with janitors
and mechanics, my father's colleagues,
scooping from the puddle in the courtyard,

on this side, long bicycle rides, scarcely a car anywhere,
just thistle and nettle, a stinging hand and a middle finger,
we are no angels sitting on the shoulders
of mature melancholics, we are a bunch of liars.

Nujna oprema

Klop, skoraj spomenik Edvardu Kocbeku
Park Tivoli

Spet sem tu, spet na pol doma. Pred kosilom k tebi
vodim turiste iz dragih hotelov, študente in dame,
govorim vzneseno o starodavnih soncih, Altamiri
in Palomarju, veliko zares, nemalo prazne slame.

Popoldne se oglasim z družino na sprehodu, rolerji,
skeleča kolena, zvečer, še raje ponoči, temnomodro,
se pripeljem na biciklu in brez svetilke, mladenič
starih časov, ki dogovore spoštuje. Zvonca nimam

in ne potrebujem, zadošča mi nujna oprema: vrabci
na prtljažniku in ruševine v glavi. Zibelka in grob,
kje je tu razlika? Tvoje pesmi proti mestu šepetam,
ki se mi orjaško zdi, včasih drobno kot grafitna pika.

Motnje na zvezi, polomljen teleskop, omamni vonj
akacije. Jutri bomo vsi neobzirni, čeprav v majhnih
dozah. Raje odpeljem, vrtim pedala, vneto diham,
vabeča obala, vozim v tvoj dnevnik iz Dalmacije.

Essential Equipment

A bench, almost a memorial to Edvard Kocbek
Tivoli Park, Ljubljana

Again I am here, again half at home. Before lunch I guide
tourists from expensive hotels, students and ladies, to you,
speak ecstatically about ancient suns, about Altamira
and Palomar, some of it serious, much of it empty straw.

In the afternoon I drop by with my family on a stroll, inline skates,
sore knees, in the evening or, even better, at night, dark blue,
I come on my bike and without a lamp, a young man
from old times who respects agreements. I don't have a bell

and don't need one, the essential equipment is enough: sparrows
on the rack and ruins in my head. A cradle and a grave,
where is the distinction here? I whisper your poems toward town,
which seems gigantic, sometimes as tiny as a graphite dot.

Disruptions in communication, a broken telescope, the heady scent
of acacia. Tomorrow we will be ruthless, though in small
doses. I'd rather ride away, turning the pedals, breathing heavily,
ride into your diary from Dalmatia, the inviting shore.

Društvo nespečnikov

Ulica Slavka Gruma, Ljubljana

Prišel sem kot ponavadi, z dežnikom do strehe
in z dvigalom do kleti, nato do praga tesnih vrat.
Vprašanje, odgovor: žametna budilka! Noter sem.
Samo še tokrat si otresem čevlje, naslednjič bom

že povišan. Ne bom več kovčkov nosil tistim,
ki so postali redni člani, z lastnikom so ribarili
po Jadranskem morju, enkrat tudi v rekah Kanade.
Ne bom več stal. Zdaj bom neopazen kot pinceta,

ki pade z doktorjeve mize. Dovolj, da dvigne se
zvedav pogled, a telo se ne premakne. V pačuli
je zavito in v turške tepihe. Zimska razprodaja.
Še malo, še malo, nič ne bo ostalo. Mnogo sob:

kdo bi jih štel. Moj namen je skromen. Rad bi
se odlepil od začetniške skupine, po stropu rad
bi hodil in trosil seme sevdalinke kot bršljan
in svoj čas bi meril na obeh straneh blazine.

Insomniacs Society

Slavko Grum Street, Ljubljana

I came as usual, with an umbrella to the roof
and by elevator to the cellar, then to the threshold
of a narrow door. A question, an answer: velvet alarm clock!
I'm in. Just this time I shake off my shoes, next time

I already will have been promoted. I will no longer carry
the suitcases of those who have become regulars, they've gone fishing
with the owner in the Adriatic Sea, also in the rivers of Canada.
I will no longer stand. I will be as imperceptible as tweezers

that fall from a doctor's table. Enough to raise
a curious glance, but the body doesn't move. It is wrapped
in patchouli and Turkish carpets. A winter sale.
Yet a little, a little less, nothing will remain. Many rooms:

who'd count them. My goal is modest. I'd like to separate
from the beginners' group, I'd like to walk around
on the ceiling and scatter the seeds of *sevdalinka* like ivy
and measure my time on both sides of the pillow.

Prazniki

Dvorakova ulica, Ljubljana

za Igorja Štrukla

Začenjajo se prazniki, listanje katalogov s planinskimi
izleti, domača hrana v kočah in travniki na rebrih Golice.
Začenjajo se prazniki, s pogledi, uprtimi v nič, kar ne bi
videl s tega mesta, kjer zdaj mi je zastal korak, na robu

stopnice. Prav do dna se sklonim in čutim premikanje
trave in potrese v možganih, ostrina bilke je navrtala
beton in se raztegnila, neznansko hitro, požarna lestev
ali kaj? Sega že visoko, zdaj prav dosti ne oklevam,

s pogledom, uprtim v nič, na spodnji klin prenesem težo
in plezam, na srečo ne prav dolgo, dokler ne najdem opore.
Zatipam okensko polico in gor se zavihtim. Ta obraz,
ta nasmešek: moj cimer, poročna priča! Dvojni državljan

živi že dolgo s pogledom na stolpe starega New Yorka
in ljubljanske pločnike. Spomini nosijo strašne posledice,
kot zakleti krog in naveličani sorodniki, neprehojene poti,
delo in prazniki: hvala za odprto okno, hvala za skupni čas.

Holidays

Dvořakova Street, Ljubljana

for Igor Štrukel

The holidays are beginning, browsing catalogs for mountain treks,
home cooking in cabins and meadows on the ribs of Golica.
The holidays are beginning, with eyes fixed on nothing that cannot
be seen from this spot, where I have stopped, on the edge of a stairway.

I bend down right to the bottom and feel the motion of grass
and earthquakes in my brain, a sharp blade has pierced
concrete and stretched, incredibly fast: a fire ladder or what?
It already reaches high, I don't hesitate much now,

eyes fixed on nothing, I shift my weight to the lowest rung
and climb until I find support, luckily not for long.
I reach a window sill and swing up. This face, this smile:
my roommate, my best man! A dual citizen lives a long time

with a view of the towers of old New York and Ljubljana sidewalks.
Memories carry awful consequences, like a vicious circle
and weary relatives, trails unwalked, work and holidays:
thank you for the open window, thank you for our time together.

Moskito Bar

Trg mladinskih delovnih brigad, Ljubljana

za Ludwiga Hartingerja

Letošnji sezoni ne morem nič očitati: dala mi je
dež in zlato žilo v hribu nad stanovanjsko stolpnico,
kjer eno sobo si delim z mačko, mamo in očetom.
Novi gostje so bogastvo in nesposobnost za skrbi.

Letošnji sezoni nočem nič očitati: prinesla mi je večer,
ko sem slišal glasbenike, šušteli so kot trsje Bronxa,
in molčal sem skupaj s pesniki, vrnili so se iz Kitajske,
polni mehkih gibov in visoke megle, s tušem razpršene.

Vzeli so me medse in mi pokazali, kako se ogenj naredi,
ko dežuje nate in nimaš slamnika, kako piramido oblikuješ
iz dlani, če ne spustijo te čez mejo, kako se v pasu upogniti,
če misliš, da pokonci hodiš z lastno voljo. Čajnik se kadi.

Sam sem kriv, da ne razumem vseh besed, le simpatijo
ritma in kočijaški bič, tok domače reke in rinko v ušesu,
medved, ki pleše na ciganske note, nič kriv, nič dolžen,
v krogu med močnim duhom in očitki šibkemu telesu.

Moskito Bar

Youth Labor Brigades Square, Ljubljana

for Ludwig Hartinger

I cannot complain about this year's season: it gave me
rain and gold veins in the hill above the high rise
where I share a room with my cat, mother and father.
The new guests are treasure and an inaptitude for trouble.

I will not complain about this year's season: it brought me
an evening when I heard musicians who rustled like reeds
in the Bronx, and I kept silent with poets, back from China,
full of supple motions, and a high mist scattered by a shower.

They showed me how to make a fire when it rains and you don't
have a straw hat, how to mold a pyramid from your hands if you're stopped
at the border, how to bend at the waist if you think you walk
upright with your own will. The teapot is steaming. I alone am to blame

that I don't understand all the words, just an affinity for rhythm
and the coachman's whip, the local river's current and a ring in the ear,
a bear dancing to a gypsy's notes, guilty of nothing, indebted to nothing,
in a circle between a strong spirit and the complaints of a weak body.

Na napačni strani

On the Wrong Side

Pod tvojim oknom, Lili Novy

Stari trg, Ljubljana

Ne vem, ali se hripavo smejiš ali od užitka kričiš,
samo še tokrat, samo še enkrat daj mi svoj okus,
da se prepričam, kako je v jedru več prostora
kot snovi, daj, da pozorno naštudiram oboke

tvojega svetišča, vsaj drobno lino mi odpri, nov
jezik na mestu stare rane. Somrak bogov začne
se za vogalom, ob šanku, na pragu dvorišča.
Izpovedi v stranskih ulicah, zaigrane osuplosti,

upanje na dnu nevihte, rudniki soli. Lizati zidove,
iz jezika se seliti v drugi jezik, guvernante slišati,
a ne spoštovati, zalivati nasade pesmi in absinta,
zelenočrne lise pod očesi negovati: to redki znajo.

Samo še tokrat, samo še enkrat vsaj mežikni,
zvezda v katedrali vlažne teme, da se prepričam,
kako je prostor večji od besed, kako lepota nič ni,
če ni svetla stran lenobe, nedosežna liga mojih sanj.

Under Your Window, Lili Novy

Old Square, Ljubljana

I don't know if you're laughing harshly or crying with delight,
just this time, just this once give me your taste
so I can feel how at the core there is more space
than substance, let me carefully study the vaults

of your shrine, open at least a tiny gap, a new language
at the site of an old wound. The twilight of the gods begins
around the corner, at a bar, at the threshold of the courtyard.
Confessions in side streets, false astonishments, hope

at the bottom of a storm, salt mines. To lick the walls,
to move from one language to another, to hear governesses
but not respect them, to water plantations with poems and absinthe,
to nurture the green-black spots under the eyes: few know how.

Just this time, just this once, at least wink, a star
in the cathedral of damp darkness, so I can feel how space
is larger than words, how beauty is nothing if not the bright side
of laziness, unreachable league of my dreams.

Robbov vodnjak

Mestni trg, Ljubljana

Le kaj mi je bilo, da sem odveslal in se zasanjal,
daleč stran od področja, ki za silo ga obvladam?
Ponovim, kar vem: Sava na dveh mestih izvira,
od tod dalje pa slika postane motna, neko tenko

curljanje, to vem. Zelena reka šumi, mnogo slapov
prihaja iz razprtih gobcev pošasti, za mestno rabo
so morale sprejeti službo v kamnu, prav mogoče,
da odrinil sem pred kratkim, od županske hiše,

se pravi, od podstavka za vratarsko ložo, odrinil
sem v enosedu, kot imam navado ob vsaki sivi sredi.
Proti severu sem plul, na bregovih so kmetje obračali
seno in prostovoljci so peli pesmi o izgubljenem raju

in domovini. Hudo je pihalo in zbor je vodil stari stotnik.
Najbrž sem zato le s težavo razločil melodijo, ne besed,
ko sem gladino rezal pod pohlevnimi mostovi, po ozkih
kanalih: na splavarski hiši Amsterdama sem slepi potnik.

The Robba Fountain

Town Square, Ljubljana

What came over me so that I paddled off and daydreamed,
far from the area that I'd barely mastered?
I repeat what I know: the Sava has two sources,
but from here on the picture I know becomes cloudy,

some thin trickle. The green river murmurs,
many waterfalls gush from the open maws of monsters,
they had to use stone for the town's use.
I might have set off recently from the town hall,

that is, from the base of the doorman's lodge, I set off
in a single-seater, as is my habit every gray Wednesday.
I sailed north, farmers were turning over hay on riverbanks
and volunteers sang songs about lost paradise and homelands.

A nasty wind was blowing and the choir was led by an old captain.
Maybe this is why I barely figured out the tune, not the words,
while slicing the surface under meek bridges, along narrow
canals: a stowaway on a raft house in Amsterdam.

Pod košem

Savsko naselje, Ljubljana

Ne, zaboga, razbite glave tlačiti v vrelo vodo,
kjer preteklost in prihodnost sta enako neresnični
kot tekma med vulkana. Vrnitev v kameno dobo,
razbeljeno igrišče za košarko in zaspana varuška.

Ne, zaboga, konec koncev je vsak Cezar ali še bo,
žepar in spaka, bankir in grobar lastne družine.
Nisem izjema, nisem občutljiv: ran imam polno,
še več imam povojev za rezervo in presenečenje.

Ne, zaboga, biti preveč izbirčen, kričati in razbijati
po vsej soseski, kjer bi vljudno trkanje zadoščalo.
Dregneš z dvema prstoma in trener si puli lase,
vrata se na stežaj odprejo in vate puhne sparina.

Ne, zaboga, umikati razbite glave in zmajevati,
da nisi mislil resno, ne pritožuj se zdaj, ko nekdo,
ki ga muči stroga disciplina, od zadaj ti oči prekrije,
ne čutiš ne raja ne pekla, rezultat iz tujega spomina.

Under the Basket

Savsko Naselje, Ljubljana

Do not, for God's sake, push a battered head into boiling water,
where past and future are as unreal as a game
between volcanoes. A return to the stone age,
white-hot basketball court and a drowsy nanny.

Do not, for God's sake, after all everyone is a Caesar, or will be,
a pickpocket and a beggar, a banker and a gravedigger for his own family.
I am no exception, I am not sensitive: I am full of wounds,
still have more bandages in reserve, and surprise.

Do not, for God's sake, be too picky or go yelling and banging
around the neighborhood when a polite knock would be enough.
You prod with two fingers and the coach pulls out his hair,
the door is thrown open and steam blows into you.

Do not, for God's sake, pull out a battered head and shake yours,
as if you didn't mean it, do not complain now when someone,
tormented by strict discipline, covers your eyes from behind:
you feel neither heaven nor hell, a score from another's memory.

Speedway dirkališče

Stadion Ilirija, Ljubljana

Ni ga, ki je večji od letečega Kranjca, ni ga carja,
če ti rečem, stari moj! Tam dol, poglej natančno,
v prahu rdečkasto lebdi, drsa s coklo skoz ovinke,
nad motor je nizko nagnjen in čelne žile drgetajo,

suha usta, štirje krogi, mokri dresi, poglej natančno,
kako sem ves iz sebe in najbolj svoj, kako ni včeraj,
ampak zdaj, za roko se držim očeta in poslušam
v sladkem transu, motorje in hrumenje v boksih,

hrabrost, radost in brzino, pozabljam sezname
vseh nagrad, zaplete v češki ligi in debeluške
med odmori, kot leska niham v blagem vetru,
naprej, sladki trans v množici, gosti kot slina,

tam dol, nazaj, poglej natančno med ljudi, vsi
s poželenjem po prihodnosti se tam gnetemo,
zlati dečki in ponavljači, grajski biki in talenti
z živo silo, ki izginja in hlapi kot vonj bencina.

Speedway Racetrack

Ilirija Stadium, Ljubljana

There's no one greater than the Flying Kranjec, I'm telling you,
no czar like him, my man! Down there, look carefully,
he drifts in red dust, slides with a skid through the curves,
tilted low above his bike and veins on his forehead quivering,

dry mouth, four laps, drenched jersey, look carefully,
how I am beside myself and most myself, it is not yesterday,
but now, I hold my father's hand and listen
in a sweet trance, motorbikes and the roaring in the pit,

courage, delight and speed, I forget the lists of all the prizes,
complications in the Czech league and chubby girls
during breaks, like a hazel bush I sway in a gentle breeze,
forward, a sweet trance in a crowd as thick as spit,

down there, look carefully at the people, crowded here
with longing for the future, golden boys and flunkies,
young guns and talents with vivid force that evaporates
and vanishes like the smell of gasoline.

Šolarjev blues

Šubičeva ulica, Ljubljana

V šolo hodim že od časov, ko so cigarete ponujali
po kosu, žvižgajo in švigajo kometi čez črno nebo
mesta, še vedno tu živim, še vedno med oblikami
pozabljenih stvari, silijo na dan, še vedno začudeno,

po vseh dolgih letih, ko bi mi jasno že lahko bilo,
da sem si med vajo iz nemške slovnice zaman
beležke pisal o človeku, ki gleda skozi žaluzije,
še zdaj jih ne razumem, a si to želim, tako zelo,

da me boli sladko v polmraku, v mlačnem zraku,
da bi se jezikov sto naučil in bi se povsod vrtel
kot svat na bratovi poroki in lebdel bi, ja, kot para
na cvetovih v rastlinjaku, in ne bi vedel, če vlažno

se cedi iz težke gobe, s katero brišem vse za sabo,
dokumente vseh izletov, samo še tokrat, še zadnjič,
se prijavim brez pokašljevanja in prežvečenih besed:
pridem kot prostak, ki zažiga gnezda in ljubi golobe.

Schoolboy's Blues

Šubičeva Street, Ljubljana

I went to school when cigarettes were sold by the piece,
now comets whistle and shoot across the black sky
of the town. I still live here, still among the shapes
of forgotten things they force into daylight, still amazed,

after all the long years, when it should be clear to me
that during German grammar exercises I wrote notes
in vain about a man who looks through window blinds,
I still don't understand them, but wish to, so much

that it hurts sweetly in the twilight, in the tepid air,
that I would learn a hundred languages and orbit everywhere
like a guest at my brother's wedding and I would hover, yes, like mist
on the flowers in a greenhouse, and I wouldn't know if it drips

damply from a heavy sponge, with which I wipe everything
behind me, traces of all field trips, only this time, one last time,
I sign up without coughing fits and chewed-over words:
I will arrive like a peasant who burns nests and loves pigeons.

Festivalna dvorana

Prijatelju, ki ne želi biti imenovan.

Šarmantno plešeš le na daljavo, kot pojasnila
za moralne smernice, z njimi bi lahko živel,
če bi jih sploh razumel, dolga ženska krila
vodiš po parketu, nežne roke po gladini kože,

apostol pritajene vere in zabave. Mnogi so
te slavili, ne vsi. Res je, če je novo. Lepo, če
je tvoje. Poln si sadežev, največ lubenic. Obup
nastopi, ko je treba pojasniti. Kakor da si kriv,

ker se je svet slabo pripravil na prihod poplave,
povratek zgodovine in škornje, ki drobijo steklo?
Tokrat ne bo tujih gospodarjev in voditeljev,
domači judeži so rekli: konec s petjem in plesi.

Prevrnjene kante, smrdeče žimnice, polzeča voda,
surove psovke, prepoved zbiranja, zaprta opozicija.
Le na daljavo meriš razpoke med objetimi telesi,
gladina se dviga v dvorani, v svetu brez izhoda.

Festival Hall

To a friend who does not wish to be named.

You dance charmingly only at a distance, like explanations
of moral guidelines you could live with if you
understood them in the first place. You lead long skirts
across parquet, tender hands across the skin's surface,

apostle of hidden faith and fun. Many have praised you,
but not everyone. It is true, if it is new. Beautiful, if
it is yours. You are full of fruit, mostly watermelons. Despair
appears when you need to explain. As if you were to blame

because the world was poorly prepared for the coming flood,
the return of history and boots crushing glass?
This time there will be no foreign lords and leaders,
our own Judases were quick to say: stop singing and dancing.

Overturned garbage cans, stinking mattresses, dripping water,
crude curses, banned gatherings, imprisoned opposition.
Only at a distance do you measure the cracks between embracing bodies.
The water level rises in the hall, in the world with no exit.

Žarnica

Tunel pod gradom, Ljubljana

Veličasten ni, ampak od tu, kjer zdaj stojim,
je moj svet kar radodaren. Učitelji brez šol
in prevajalci iz jezikov, ki jih znajo le še ribe,
so zavzeli svojo stalno mizo. V neprižgani

žarnici, pod tenkim steklom je gneča že za dva.
Jaz jih spravim noter več, točno štirideset. Berem
jih kot sledi mleka in kruh, terjam več od možnega.
Usmili se nas s solzami, bi rekla ženska s plakata

za mednarodno uspešnico. Kratki izrezi. Dolgo slovo.
Zdaj stojim tu, črna usta tunela pod vitko svetilko,
ki od zjutraj še miži, kot jaz ne znam. Raje vstopim,
previdno, pa ne morem reči, da sem tujec v prostoru

iz prahu. Na tesnem smo, brez dvoma in pravice do
ugovora, prostovoljni talci, vsak dan znova svetimo,
trohneče gobe in razsuti tovor. Polna dlan, odprte oči:
krhki smo in trdi kot papir na begu pred žerjavico.

Lightbulb

Tunnel under the castle, Ljubljana

It is not magnificent, but from where I'm standing now,
my world is quite generous. Teachers without schools
and translators from languages only fish still know
have taken their usual table. In an unilluminated

lightbulb, under thin glass, two are already a crowd.
I put more in, exactly forty. I read them like a trail
of milk and bread, demand more than is possible.
Spare us your tears, a woman says from a poster

for an international bestseller. Short cuts. A long farewell.
Now I stand here, the tunnel's black mouth under a slender lamp,
its eyes shut since early morning, which I cannot afford to do.
I should enter, carefully, but I cannot say I am a stranger in the room

made of dust. It is tight in here, without a doubt or the right
to object, voluntary hostages, every day we glow anew,
rotting mushrooms and bulk cargo. A full hand, open eyes:
we are brittle and hard like paper on the run from embers.

James Joyce je spal tukaj

Železniški kolodvor, Ljubljana

Kako si prizadevaš, da bi videla nazaj, skozi priprto okno,
skozi gosto tkanino zavese, ki tam visi še iz študentskih
dni, Benetke in dvorci Dunaja drsijo mimo, kot po žici,
na pol poti do šole, kako z muko črkuješ imena, napise

na meščanskih vilah in vaških kolodvorih, dviga se živo
srebro, sestra smrti. O stanju stvari ne moreš soditi po
razbiti šipi in z odprtimi usti ni dobro jesti spominov,
ampak žarela si nevarno lepa, ko si se vozila na progi

med univerzo in boljšo sobo v naselju, z ljubimcem
in povratno karto. Zdaj vem, da kukavica ne plete
gnezd, gostuje v tujih mestih: z enim od domorodcev
se poroči, druge takoj izžene na Hebride. Vračam se

ne kot ti, ostajam tu. Torej je bilo zasluženo, čeprav
zunaj načrta, da sem izgubil čut za smer, ko te nisem
več zagledal. Dol si šla na drugem tiru. Zeleni otok
je zdaj tvoj novi dom, mene pa si obsodila na privide.

James Joyce Slept Here

Railway station, Ljubljana

How you try to look back through the half-open window,
through the thick fabric of the curtain, hanging since the student days,
Venice and Viennese mansions slip past, as on a wire,
halfway to school. How you painfully spell the names, inscriptions

on town villas and country train stations. Mercury rises,
death's sister. You cannot judge the state of things by broken panes
and it is not good to eat memories with your mouth open,
but you glowed, dangerously beautiful as you rode the line

between the university and a better room in student town, with a lover
and a two-way ticket. Now I know that a cuckoo doesn't build
a nest, it visits foreign cities: it marries one of the natives,
immediately banishes the others to the Hebrides.

I am not coming back like you, I am staying here. I deserved it,
though it was outside the plan. I lost my sense of direction when
I didn't see you again. You got off at another track. The green island
is your new home now, and you sentenced me to visions.

Notes

"Under Your Window, Lili Novy": Austrian-born Lili Novy (1885–1958) is a poet who wrote in German and switched to Slovenian after she married a Slovenian writer and moved to Ljubljana. She lived on Old Square (Stari Trg) and established LLL: Liga Lepe Lenobe (League of Lovely Laziness).

"The Robba Fountain": The Robba Fountain in Ljubljana's Town Square features sculptures that represent three rivers (Sava, Soča, Krka) that originate in Slovenia.

"Speedway Racetrack": Ludvik Starič (1906–1989), nicknamed the Flying Kranjec, was a speedway (motorcycle racing) star from the Kranjska Gora region of Slovenia. He was active between World War I and World War II.

Acknowledgments

Asymptote: "Anchor," "The Balkan Bridge," "Statue of Anti-Fascist Activist," "The Woman Who Isn't There";
Barrow Street: "A Fool or a Baker," "Lightbulb";
Blackbird: "Schoolboy's Blues," "When You Get Out of Prison," "Yesterday a House, Today Nothing";
The Brooklyn Rail: "Botanical Garden," "Essential Equipment," "Insomniacs Society," "Once upon a Time in America," "Speedway Racetrack";
Connotation Press: "On the Deck," "Paperboy," "The Tree of Love";
Field: "Home," "Festival Hall," "Smugglers";
Guernica: "The Castle Avenue with Trees";
The Iowa Review: "James Joyce Slept Here," "Tightrope Walker";
The Literary Review: "Bocce Court," "Graceful Arch," "Turkish Restaurant";
Plume Poetry: "Arrest Warrant," "The Living and the Dead";
Wasafiri (UK): "Holidays," "The Robba Fountain," "Under Your Window, Lili Novy";
The Wolf (UK): "Advice to a Young Poet," "Old Factory."

"The Castle Avenue with Trees" was reprinted in *Something Indecent: Poetry Recommended by Eastern European Poets*, edited by Valzhyna Mort (Red Hen Press, 2013).

Brian Henry also gratefully acknowledges the Howard Foundation for a translation grant.

Smugglers was originally published in Slovenian in 2009 as *Tihotapci*.

About the Author

Aleš Debeljak has published eight books of poetry and twelve books of essays in Slovenian. His books have appeared in English, Japanese, German, Croatian, Serbian, Polish, Hungarian, Czech, Spanish, Slovak, Finnish, Lithuanian, and Italian translation. *Without Anesthesia: New and Selected Poems* appeared from Persea Books in 2010. He has won the Preseren Foundation Prize, the Miriam Lindberg Israel Poetry for Peace Prize, the Chiqyu Poetry Prize in Japan, and the Jenko Prize. Debeljak teaches in the Department of Cultural Studies at the University of Ljubljana in Slovenia.

About the Translator

Brian Henry is the author of ten books of poetry, most recently *Brother No One* (Salt Publishing, 2013). His translation of Aleš Šteger's *The Book of Things* appeared from BOA Editions in 2010 and won the 2011 Best Translated Book Award for Poetry. His translations have appeared in *The New Yorker, New York Times, The Paris Review,* and many other publications. He has received numerous awards for his poetry and translations, including fellowships from the National Endowment for the Arts, the Howard Foundation, and the Slovenian Academy of Arts and Sciences.

The Lannan Translations Selection Series

Ljuba Merlina Bortolani, *The Siege*
Olga Orozco, *Engravings Torn from Insomnia*
Gérard Martin, *The Hiddenness of the World*
Fadhil Al-Azzawi, *Miracle Maker*
Sándor Csoóri, *Before and After the Fall: New Poems*
Francisca Aguirre, *Ithaca*
Jean-Michel Maulpoix, *A Matter of Blue*
Willow, Wine, Mirror, Moon: Women's Poems from Tang China
Felipe Benítez Reyes, *Probable Lives*
Ko Un, *Flowers of a Moment*
Paulo Henriques Britto, *The Clean Shirt of It*
Moikom Zeqo, *I Don't Believe in Ghosts*
Adonis (Ali Ahmad Sa'id), *Mihyar of Damascus, His Songs*
Maya Bejerano, *The Hymns of Job and Other Poems*
Novica Tadić, *Dark Things*
Praises & Offenses: Three Women Poets of the Dominican Republic
Ece Temelkuran, *Book of the Edge*
Aleš Šteger, *The Book of Things*
Nikola Madzirov, *Remnants of Another Age*
Carsten René Nielsen, *House Inspections*
Jacek Gutorow, *The Folding Star and Other Poems*
Marosa di Giorgio, *Diadem*
Zeeshan Sahil, *Light and Heavy Things*
Sohrab Sepehri, *The Oasis of Now*
Dariusz Sośnicki, *The World Shared: Poems*
Nguyen Phan Que Mai, *The Secret of Hoa Sen*
Aleš Debeljak, *Smugglers*

For more on the Lannan Translations Selection Series
visit our website:
www.boaeditions.org

www.ingramcontent.com/pod-product-compliance
Lightning Source LLC
Jackson TN
JSHW020706190426
101040JS00031B/173

* 9 7 8 1 9 3 8 1 6 0 6 7 7 *